고려대 재미있는 한국어

읽기 Reading

고려대학교 한국어센터 편

中文版

KU PRESS
고려대학교출판문화원

고려대학교 한국어센터는 1986년 설립된 이래 한국어와 한국 문화를 재미있게 배우고 효과적으로 가르치는 방법을 연구해 왔습니다. 《고려대 한국어》와 《고려대 재미있는 한국어》는 한국어센터에서 내놓는 세 번째 교재로 그동안 쌓아 온 연구 및 교수 학습의 성과를 바탕으로 하고 있습니다.

이 책의 가장 큰 특징은 한국어를 처음 접하는 학습자도 쉽게 배워서 바로 사용할 수 있도록 구성했다는 점입니다. 한국어 환경에서 자주 쓰이는 항목을 최우선하여 선정하고 이 항목을 학습자가 교실 밖에서 사용할 수 있도록 연습 기회를 충분히 그리고 다양하게 제공하고 있습니다.

이 책을 내기까지 많은 분들의 도움을 받았습니다. 먼저 지금까지 고려대학교 한국어센터에서 한국어를 공부한 학습자들께 감사드립니다. 쉽고 재미있는 한국어 교수 학습에 대한 학습자들의 다양한 요구가 없었다면 이 책은 나오지 못했을 것입니다. 그리고 한국어 학습자들의 요구에 부응하기 위해 열정적으로 교육과 연구에 헌신하고 계신 고려대학교 한국어센터의 선생님들께도 감사드립니다.

무엇보다 한국어 학습자와 한국어 교원의 요구 그리고 한국어 교수 학습 환경을 종합적으로 고려한 최상의 한국어 교재를 위해 밤낮으로 고민하고 집필에 매진하신 고려대학교 국어국문학과 김정숙 교수님을 비롯한 저자분들께 깊은 감사를 드립니다. 이 밖에도 이 책이 보다 멋진 모습을 갖출 수 있도록 도와주신 고려대학교 출판문화원의 윤인진 원장님과 직원 여러분께도 감사드립니다. 그리고 집필진과 출판문화원의 요구를 수용하여 이 교재에 맵시를 입히고 멋을 더해 주신 랭기지플러스의 편집 및 디자인 전문가, 삽화가의 노고에도 깊은 경의를 표합니다.

부디 이 책이 쉽고 재미있게 한국어를 배우고자 하는 한국어 학습자와 효과적으로 한국어를 가르치고자 하는 한국어 교원 모두에게 도움이 되기를 바랍니다. 또한 앞으로 한국어 교육의 내용과 방향을 선도하는 역할도 아울러 할 수 있게 되기를 희망합니다.

2019년 7월
국제어학원장 박성철

이 책의 특징

《고려대 한국어》와 《고려대 재미있는 한국어》는 '형태를 고려한 과제 중심 접근 방법'에 따라 개발된 교재입니다. 《고려대 한국어》는 언어 항목, 언어 기능, 문화 등이 통합된 교재이고, 《고려대 재미있는 한국어》는 말하기, 듣기, 읽기, 쓰기로 분리된 기능 교재입니다.

《고려대 한국어》 1A와 1B가 100시간 분량, 《고려대 재미있는 한국어》 말하기, 듣기, 읽기, 쓰기가 100시간 분량의 교육 내용을 담고 있습니다. 200시간의 정규 교육 과정에서는 여섯 권의 책을 모두 사용하고, 100시간 정도의 단기 교육 과정이나 해외 대학 등의 한국어 강의에서는 강의의 목적이나 학습자의 요구에 맞는 교재를 선택하여 사용할 수 있습니다.

《고려대 재미있는 한국어》의 특징

▶ **한국어를 처음 배우는 학습자도 쉽게 배울 수 있습니다.**
- 한국어 표준 교육 과정에 맞춰 성취 수준을 낮췄습니다. 핵심 표현을 정확하고 유창하게 사용하는 것이 목표입니다.
- 제시되는 언어 표현을 통제하여 과도한 입력의 부담 없이 주제와 의사소통 기능에 충실할 수 있습니다.
- 알기 쉽게 제시하고 충분히 연습하는 단계를 마련하여 학습한 내용의 이해에 그치지 않고 바로 사용할 수 있습니다.

▶ **학습자의 동기를 이끄는 즐겁고 재미있는 교재입니다.**
- 한국어 학습자가 가장 많이 접하고 흥미로워하는 주제와 의사소통 기능을 다룹니다.
- 한국어 학습자의 특성과 요구를 반영하여 실제적인 자료를 제시하고 유의미한 과제 활동을 마련했습니다.
- 한국인의 언어생활, 언어 사용 환경의 변화를 발 빠르게 반영했습니다.
- 친근하고 생동감 있는 삽화와 입체적이고 감각적인 디자인으로 학습의 재미를 더합니다.

《고려대 재미있는 한국어 1》의 구성

▶ 말하기 20단원, 듣기 10단원, 읽기 10단원, 쓰기 12단원으로 구성하였으며 한 단원은 내용에 따라 1~4시간이 소요됩니다.

▶ 각 기능별 단원 구성은 아래와 같습니다.

🔊 말하기	도입	배워요 1~2	말해요 1~3	자기 평가
	학습 목표 생각해 봐요	주제, 기능 수행에 필요한 어휘와 문법 제시 및 연습	• 형태적 연습/유의적 연습 • 의사소통 말하기 과제 • 역할극/짝 활동/게임 등	

🎧 듣기	들어 봐요	들어요 1	들어요 2~3	자기 평가	더 들어요
	학습 목표 음운 구별	어휘나 표현에 집중한 부분 듣기	주제, 기능과 관련된 다양한 듣기		표현, 기능 등이 확장된 듣기

📖 읽기	도입	읽어요 1	읽어요 2~3	자기 평가	더 읽어요
	학습 목표 생각해 봐요	어휘나 표현에 집중한 부분 읽기	주제, 기능과 관련된 다양한 읽기		표현, 기능 등이 확장된 읽기

✏️ 쓰기	도입	써요 1	써요 2	자기 평가
	학습 목표	어휘나 표현에 집중한 문장 단위 쓰기	주제, 기능에 맞는 담화 차원의 쓰기	

▶ 교재의 앞부분에는 '이 책의 특징'을 배치했고, 교재의 뒷부분에는 '정답'과 '듣기 지문', '어휘 찾아보기', '문법 찾아보기'를 부록으로 넣었습니다.

▶ 모든 듣기는 MP3 파일 형태로 내려받아 들을 수 있습니다.

《고려대 재미있는 한국어 1》의 목표

일상생활에서의 간단한 의사소통을 할 수 있습니다. 인사, 일상생활, 물건 사기, 하루 일과, 음식 주문, 휴일 계획, 날씨 등에 대해 이야기할 수 있습니다. 일상생활을 표현하는 기본 어휘와 한국어의 기본 문장을 이해하고 사용할 수 있습니다.

本书的特点

《高丽大学韩国语》和《高丽大学有趣的韩国语》是遵循"任务聚焦并考虑形式的方法"而开发的教材。《高丽大学韩国语》是涵盖了语言项目、语言技能和文化的综合教材，《高丽大学有趣的韩国语》是听、说、读、写相区分的技能教材。

《高丽大学韩国语》1A和1B包含100小时的教育内容，《高丽大学有趣的韩国语》包含听、说、读、写在内的100小时教育内容。在200小时的常规课程体系中六本书全部使用，在100小时左右的短期教育课程或海外大学的韩国语课程中，可选择符合授课目的或学习者要求的教材使用。

《高丽大学有趣的韩国语》的特点

▶ **初学韩国语的学习者也可轻松学习。**
 · 配合韩国语标准教育课程，降低了难度水平。将准确，流畅地使用核心表达方式作为目标。
 · 通过控制所呈现的语言表达方式，减少过度灌输的负担，从而集中于主题和沟通技巧。
 · 以清晰易懂的方式呈现，并通过充分的练习，实现快速地学以致用。

▶ **激励学习者学习热情的，生动、有趣的教材。**
 · 涉及韩语学习者最熟悉和最感兴趣的主题及沟通技巧。
 · 反映韩国语学习者的特点和要求，提供实际资料，准备了有意义的课题活动。
 · 及时反映了韩国人的语言生活和韩语语言环境的变化。
 · 贴切生动的插画和富有立体感，品味出众的设计，增添了学习的乐趣。

《高丽大学有趣的韩国语1》的构成

▶ 本书由20个口语单元、10个听力单元、10个阅读单元和12个写作单元所构成，每个单元根据内容大约需学习1~4小时。

▶ 听说读写各单元的结构如下。

说一说	引入	学一学 1~2	口语 1~3	自我评价
	学习目标想一想	展示主题以及履行功能所需的词汇和语法，并进行练习	·形式练习、有意义的练习 ·口语交际任务 ·角色扮演/结对活动/做游戏等	

听一听	引入	听力 1	听力 2~3	自我评价	再听一听
	学习目标分辨音韵	集中于词汇及表达方式部分的精听	与主题、技能相关的各类泛听		对表达方式和技能进行的扩展泛听

读一读	引入	阅读 1	阅读 2~3	自我评价	再读一读
	学习目标想一想	集中于词汇及表达方式部分精读	与主题、技能相关的各类泛读		对表达方式和技能进行的扩展泛读

写一写	引入	写作 1	写作 2	自我评价
	学习目标	集中于词汇及表达方式的句子写作	与主题，技能相符的语篇写作	

▶ 教材的前面加入"本书的特点"、教材的后面则以附录形式收录了"正确答案"、"听力原文"、"词汇索引"和"语法索引"。

▶ 所有听力内容均可以MP3文件格式下载，供学习者进行听力练习。

《高丽大学有趣的韩国语1》的目标

能在日常生活中进行简单的沟通。能对打招呼、日常生活、买东西、每天日程、点菜、假期计划和天气等进行对话。能够理解并使用表达日常生活的基本词汇与韩语的基本句型。

이 책의 특징 本书的特点

단원 제목 单元的题目 ◀

학습 목표 学习目标 ◀

• 단원의 의사소통 목표입니다.
  本单元的交际目标。

생각해 봐요 想一想 ◀

• 그림이나 사진을 보며 단원의 주제 또는 기능을 생각해
  봅니다.
  看图片或照片，想一想本单元所涉及的主题和技
  能。

읽어요 2, 3 读一读 2, 3 ◀

• 단원의 주제와 기능이 구현된 의사소통적 읽기 과제 활동
  입니다.
  体现单元主题和技能，具有沟通性质的阅读练习活
  动。

• 담화 단위의 읽기입니다.
  以语篇为单位的阅读。

• 읽어요 2와 3은 담화의 중심 내용이나 세부 내용, 필자의
  태도, 격식 등에 차이를 두었습니다.
  读一读2和3在语篇的中心内容或具体内容、笔者的态
  度、格式等方面进行了区分。

자기 평가 自我评价 ◀

• 학습 목표의 달성 여부를 학습자가 스스로 점검합니다.
  由学习者自我检查是否达到了学习目标。

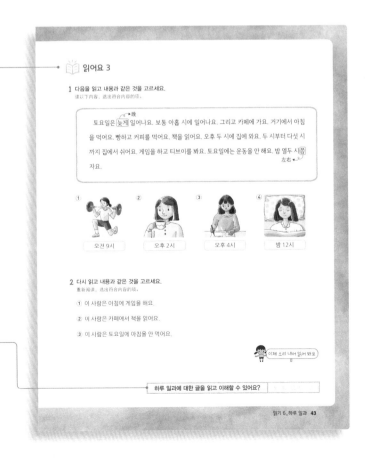

읽어요 1

1 다음 문장을 읽고 그림과 같으면 ○, 다르면 X에 표시하세요.
读下面的句子，与图片相同时用 ○ 表示，不同时用 X 表示。

1) 열한 시 이십 분이에요.   ○ X

2) 지금 여섯 시 일 분이에요.   ○ X

3) 삼월 삼 일 열 시에 시작해요.   ○ X

2 다음 시간표를 보고 질문에 답하세요.
看以下时间表，回答问题。

 ● 수업 시간표 ●

1교시	09:00~09:50
2교시	10:00~10:50
3교시	11:10~12:00
4교시	12:10~13:00

1) 1교시 수업이 몇 시에 시작해요?

2) 4교시 수업이 몇 시에 끝나요?

읽기 6_하루 일과 **41**

읽어요 1 读一读 1

- 단원의 주제를 표현하거나 기능을 수행하는 데 필요한 어휘 및 문법 표현에 초점을 둔 읽기 연습 활동입니다.
  侧重于表达单元主题或练习技能时所需的词汇和语法 表达方式的阅读练习活动。

- 짧은 문장 단위의 읽기입니다.
  以短句为单位的阅读。

 더 읽어요

● 다음을 읽고 내용과 같으면 ○, 다르면 X에 표시하세요.
读以下内容，与内容相同时用 ○ 表示，不同时用 X 表示。

> 저는 올해 유월에 한국에 왔어요. 그때 한국 친구 집에서 살았어요. 친구 집은 크고 좋아요. 냉장고, 에어컨도 있었어요. 그런데 학교에서 많이 멀었어요. 집에서 학교까지 두 시간쯤 걸렸어요. 너무 힘들었어요. 그래서 지난달에 이사를 했어요. 지금 집은 작아요. 에어컨도 없어요. 그렇지만 학교에서 가까워서 좋아요.

1) 이 사람은 집이 작아서 이사를 했어요. ○ X

2) 이 사람은 처음에 친구 집에서 살았어요. ○ X

읽기 7_한국 생활 **49**

더 읽어요 再读一读

- 확장된 읽기 과제 활동입니다.
  有所扩展的阅读练习活动。

- 주제와 기능이 달라지거나 실제성이 강조된 읽기입니다.
  强调不同主题和技能，或更贴近现实的阅读练习。

- 단원의 성취 수준을 다소 상회하는 수준의 읽기로 단원의 목표에는 포함되지 않습니다.
  这一部分的阅读内容难度略高于单元平均水平，不含 在单元目标之内。

- 교육 과정이나 학습자 수준에 따라 선택적으로 활동을 합니다.
  可根据教学课程或学习者的水平有选择地进行活动。

읽기

读一读

차례 目录

인사 打招呼

 자기를 소개하는 글을 읽고 이해할 수 있다.

 생각해 봐요

● 다음을 보고 이름과 직업을 찾아보세요.
看以下内容，找出名字和职业。

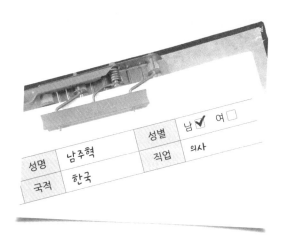

 **읽어요 1**

1 다음을 읽고 맞는 그림을 연결하세요.
读以下内容，连接相符的图片。

1) 칠레 •   • ①

2) 영국 •   • ②

3) 이집트 •   • ③

4) 브라질 •   • ④

5) 호주 •   • ⑤

6) 몽골 •   • ⑥

2 다음을 읽고 그림과 같으면 ○, 다르면 ✕에 표시하세요.

读以下内容，与图片相同时用 ○ 表示，不同时用 ✕ 表示。

1) 저는 왕웨이예요.  ○ ✕

2) 저는 베트남 사람이에요.  ○ ✕

3) 저는 의사예요.  ○ ✕

 읽어요 2

1 자기소개 글을 읽고 질문에 답하세요.

读完自我介绍后回答问题。

A 안녕하세요?

저는 조민수예요.

한국어 선생님이에요.

B 제 이름은 하리마예요.

이집트 사람이에요.

저는 회사원이에요.

만나서 반갑습니다.

C 안녕하세요? 저는 토머스 링컨이에요. 영국에서 왔어요. 고려대학교 학생이에요.

1) 위의 글에서 이름을 찾아 ◯ 를 하세요.
   在上面的短文中找出名字，用 ◯ 表示。

2) 나라 이름을 찾아 △ 를 하세요.
   找出国家名称，用 △ 表示。

3) 직업을 찾아 ▭ 를 하세요.
   找出职业，用 ▭ 表示。

이제 소리 내어 읽어 봐요

자기를 소개하는 글을 읽고 이해할 수 있어요?	☆ ☆ ☆ ☆ ☆

 더 읽어요

● 다음을 읽고 쓰세요.
读以下内容并写出来。

안녕하세요? 저는 제이미 리예요. 중국 사람이에요. 지금은 한국에서 살아요. 저는 요리사예요. 중국 음식을 만들어요.

이름   나라   직업

_____   _____   _____

읽기 2
일상생활 | 日常生活 |

 일상생활에 대한 글을 읽고 이해할 수 있다.

 생각해 봐요

● 다음 일기를 보세요. 무슨 내용인지 이야기해 보세요.
　看下面的日记，聊一聊里面写的是什么内容。

	집	에	서		친	구	하	고		놀	아	요	.
같	이		텔	레	비	전	을		봐	요	.		강	아
지	는		자	요	.								

 **읽어요 1**

1 다음을 읽고 맞는 그림을 연결하세요.
读以下内容，连接相符的图片。

1) 자요 •

     • ①

2) 읽어요 •

맛있어요.

     • ②

3) 일해요 •

     • ③

4) 놀아요 •

     • ④

5) 가요 •

     • ⑤

6) 말해요 •

     • ⑥

7) 써요 •

     • ⑦

2 무엇을 해요? 단어를 찾아 문장을 만드세요.

在做什么？找出单词造句。

1) _____ 마셔요.

2) _____ 사요.

3) _____ 봐요.

4) _____ 만나요.

5) _____ 들어요.

 읽어요 2

1 그림을 설명한 문장을 읽으세요.

读一读说明图片的句子。

1)	다	니	엘		씨	는		커	피	를		마	셔	요	.	

2)	웨	이		씨	는		영	화	를		봐	요	.			

3)	무	함	마	드		씨	는		전	화	해	요	.			

4)	두	엔		씨	는		한	국	어	를		공	부	해	요	.

2 그림하고 같아요? 다른 부분을 고쳐 쓰세요.
跟图片一样吗? 将不一样的部分重新写出来。

이제 소리 내어 읽어 봐요

 **읽어요 3**

1 다음을 읽고 쓰세요.
读下面的短文，写在下面的表中。

> 안녕하세요? 저는 에밀리아 클라크예요. 호주 사람이에요. 저는 배우예요. 영화를 많이
>
> 봐요. 음악도 많이 들어요. 그리고 사람 을 많이 만나요. 이야기해요.
> 　　　　　　　　　　　　　　　↳ 人

이름	
나라	
직업	

2 다시 읽고 이 사람이 하는 것을 모두 고르세요.

再读一遍，选出这个人做的所有事情。

이제 소리 내어 읽어 봐요

일상생활에 대한 글을 읽고 이해할 수 있어요?	☆ ☆ ☆ ☆ ☆

🔖 더 읽어요

● **다음을 읽고 누구인지 쓰세요.**
读以下内容，写出这些人分别都是谁。

> 우리 가족이에요. 아버지는 티브이를 봐요. 어머니는 전화해요. 오빠는 콜라를 마셔요. 언니는 휴대폰을 봐요. 나는 강아지하고 놀아요.

1)

2)

3)

4)

5)

읽기 3
일상생활 ll 日常生活 ll

 일상생활에 대한 글을 읽고 이해할 수 있다.

 생각해 봐요

● 다음을 보세요. 무슨 내용인지 이야기해 보세요.
  看以下内容，说一说都是什么内容。

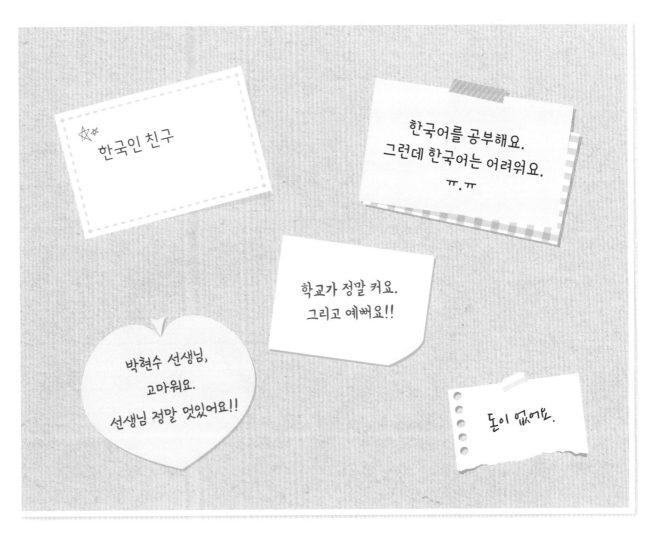

 **읽어요 1**

1 다음을 읽고 맞는 그림에 ⬭표 하세요.
读以下内容，正确的图片用 ○ 表示。

1) 우리 교실이에요.

2) 화장실이에요.

3) 웨이 씨 시계예요.

4) 지우개예요.

5) 돈이 있어요.

2 무엇이 어때요? 단어를 찾아 문장을 만드세요.
怎么样? 找出单词造句。

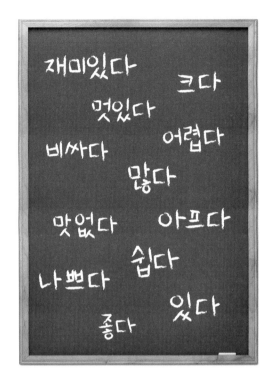

1) 한국어가 _____ .

2) 교실이 _____ .

3) 친구가 _____ .

4) 안경이 _____ .

5) 컴퓨터가 _____ .

읽어요 2

1 그림을 설명한 문장을 읽으세요.
读一读说明图片的句子。

1) | 교 | 실 | 이 | | 커 | 요 | . | | | | | | | | | |

2) | 책 | 상 | 에 | | 볼 | 펜 | 이 | | 많 | 아 | 요 | . | | | | |

3) | 학 | 생 | 이 | | 음 | 악 | 을 | | 들 | 어 | 요 | . | | | | |

4) | 교 | 실 | 에 | | 컴 | 퓨 | 터 | 가 | | 없 | 어 | 요 | . | | | |

2 그림하고 같아요? 다른 부분을 고쳐 쓰세요.

跟图片一样吗？将不一样的部分重新写出来。

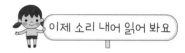 이제 소리 내어 읽어 봐요

 읽어요 3

1 다음 글을 읽고 친구를 그린 그림을 고르세요.

读以下短文，选出朋友画的图片。

> 내 친구 오정환이에요. 친구는 커요. 멋있어요. 그리고 정말 재미있어요. 친구는 경찰이에
>
> 요. 많이 바빠요. 오늘은 친구가 쉬어요. 친구를 만나요. 같이 밥을 먹어요. 놀아요.
>
> 같이 → 一起

①  ②  ③  ④

2 다시 읽고 내용과 같으면 ◯, 다르면 ✕에 표시하세요.
再读一遍，与内容相同时用 ◯ 表示，不同时用 ✕ 表示。

1) 친구는 오늘 바빠요.   ◯   ✕

2) 친구 이름은 오정환이에요.   ◯   ✕

3) 나는 오늘 친구를 만나요.   ◯   ✕

이제 소리 내어 읽어 봐요

일상생활에 대한 글을 읽고 이해할 수 있어요?	☆ ☆ ☆ ☆ ☆

더 읽어요

● 다음을 읽고 쓰세요.
读以下内容，写出这些都是什么。

> 우리 학교예요. 학교가 정말 커요. 아름다워요. 나무하고 꽃이 많아요. 한국 학생도 있고 외국 학생도 있어요. 고양이도 있어요. 고양이가 정말 귀여워요.

1)

2)

3)

4)

5)

읽기 4

장소 场所

 장소에 대한 글을 읽고 이해할 수 있다.

 생각해 봐요

● 다음 사진을 보세요. 어디인지 이곳에서 무엇을 하는지 이야기해 보세요.
   看以下照片，说一说这是哪里，在这里做什么。

 읽어요 1

1 다음을 읽고 맞는 그림을 연결하세요.
读以下内容，连接相符的图片。

1) 식당이에요. •

2) 병원에 가요. •

3) 화장실이 있어요. •

4) 공항에 가요. •

5) 학교에서 한국어를 공부해요. •

6) 카페에서 커피를 마셔요. •

• ① 🚹🚺

• ② ✉️

• ③ 🍴

• ④ 🏫

• ⑤ ☕

• ⑥ ✈️

• ⑦ 🏥

2 다음을 읽고 그림과 같으면 ◯, 다르면 ✕에 표시하세요.
读以下内容，与图片相同时用 ◯ 表示，不同时用 ✕ 表示。

1) 집에서 쉬어요.

◯ ✕

2) 백화점에서 옷을 사요.

◯ ✕

3) 영화관에서 영화를 봐요.

◯ ✕

4) 도서관에서 책을 읽어요.

◯ ✕

5) 식당에서 밥을 먹어요.

◯ ✕

6) 카페에서 음악을 들어요.

◯ ✕

 ## 읽어요 2

1 다음 문장을 읽고 그림과 같으면 ◯, 다르면 ✕에 표시하세요.
读下面的句子，与图片相同时用 ◯ 表示，不同时用 ✕ 表示。

1) 다니엘 씨는 은행에 가요.　　◯　✕

2) 나쓰미 씨는 편의점에서 빵을 사요.　　◯　✕

3) 무함마드 씨는 학교에서 텔레비전을 봐요. ⟨ㅇ⟩ ⟨✕⟩

4) 카밀라 씨는 카페에서 친구하고 이야기해요. ⟨ㅇ⟩ ⟨✕⟩

다니엘

나쓰미

무함마드

카밀라

2 다시 읽고 그림하고 다른 부분을 고치세요.
再读一遍，对与图片不同的部分进行修改。

이제 소리 내어 읽어 봐요

 읽어요 3

1 다음 글을 읽으세요. 이 사람은 지금 어디에 있어요? 쓰세요.
读以下短文，这个人现在在哪里？写下来。

> 이곳은 하늘공원이에요. 저는 여기를 좋아해요. 공원이 커요. 그리고 예뻐요. 공원에 의자
> 가 많이 있어요. 저는 여기에서 책을 읽어요. 그리고 음악을 들어요.

2 다시 읽고 내용과 같으면 ○, 다르면 ✕에 표시하세요.
再读一遍，与内容相同时用 ○ 表示，不同时用 ✕ 表示。

1) 이곳은 의자가 적어요.   ○   ✕

2) 이 사람은 여기에서 음악을 들어요.   ○   ✕

 이제 소리 내어 읽어 봐요

장소에 대한 글을 읽고 이해할 수 있어요?   ☆ ☆ ☆ ☆ ☆

 더 읽어요

● 다음을 읽고 이 사람이 이곳에 가는 이유를 쓰세요.
读以下内容，写出这个人去这个地方的原因。

여러분은 어디에서 쇼핑을 해요? 저는 시장에 가요. 시장에 빵, 과자, 가방, 옷이 있어요. 편의점하고 백화점은 비싸요. 시장은 싸요. 그래서 시장에 가요. 그리고 저는 거기에서 한국 사람을 많이 봐요. 한국 사람하고 이야기를 해요. 재미있어요.

물건 사기 买东西

물건 사기에 대한 글을 읽고 이해할 수 있다.

 생각해 봐요

● 다음을 보세요. 무엇인지 이야기해 보세요.
看以下内容，说一说这是什么。

품목	수량	가격
샴푸	1	10,000
휴지	3	4,500
초콜릿	1	1,500
합계		16,000

 읽어요 1

1 다음을 읽고 그림의 번호를 쓰세요.
读以下内容，写出图片的序号。

1) 비누예요.　　_____

2) 과자가 맛있어요.　　_____

3) 김밥을 먹어요.　　_____

4) 샴푸가 비싸요.　　_____

5) 치약하고 칫솔이 있어요.　　_____

6) 사탕하고 초콜릿을 사요.　　_____

2 다음을 읽고 그림에 맞게 색칠하세요.

读以下内容，给图片涂上适当的颜色。

1) 커피 세 잔 주세요.

2) 공책이 한 권 있어요.

3) 콜라를 다섯 병 사요.

4) 고양이 두 마리가 있어요.

5) 아이스크림 네 개를 먹어요.

6) 한국 친구가 두 명 있어요.

 ## 읽어요 2

1 다음 문장을 읽고 그림과 같으면 ○, 다르면 ✕에 표시하세요.
读下面的句子，与图片相同时用 ○ 表示，不同时用 ✕ 表示。

1) 두엔 씨는 연필 세 개하고 노트를 사요.　　　　　　○　✕

2) 웨이 씨는 과자 네 개, 콜라 두 개, 초콜릿 한 개를 사요.　○　✕

3) 무함마드 씨는 치약하고 칫솔하고 샴푸하고 휴지를 사요.　○　✕

4) 나쓰미 씨는 휴대폰을 사요. 칠십팔만 원이에요.　　　　○　✕

2 다시 읽고 그림하고 다른 부분을 고치세요.
再读一遍，对与图片不同的部分进行修改。

 읽어요 3

1 이 사람은 어디에서 점심을 먹어요? 왜 거기에서 먹어요? 다음을 읽고 쓰세요.
这个人在哪里吃午饭? 为什么在那里吃? 读一读并写下来。

> 저는 편의점에서 점심을 먹어요. 식당 김밥은 삼천오백 원이에요. 편의점 김밥은 이천 원이에요. 많이 싸요. 오늘 점심에는 라면 한 개, 콜라 한 개를 사요. 그리고 커피도 두 개 사요. 커피 하나는 내가 마셔요. 하나는 친구를 줘요.

어디에서?

왜?

2 다시 읽고 내용과 같은 것을 고르세요.
重新阅读，选出符合内容的项。

① 편의점 김밥은 이천 원이에요.

② 이 사람은 커피를 두 개 마셔요.

③ 이 사람은 오늘 점심에 김밥을 먹어요.

물건 사기에 대한 글을 읽고 이해할 수 있어요?　☆☆☆☆☆

➕📖 더 읽어요

● 다음을 읽고 빈칸에 숫자를 쓰세요.
  读以下内容，在空格中填上数字。

> ### 행복 마트 **2+1** 행사!!
>
> 두 개 사면 하나를 더 드립니다.

커피 1개	₩ 800	➡	커피 3개	₩ 1,600
치약 1개	₩ 2,500	➡	치약 3개	₩

하루 일과 每天的日程

하루 일과에 대한 글을 읽고 이해할 수 있다.

 생각해 봐요

● 다음을 보세요. 무엇인지 이야기해 보세요.
看以下内容，说一说都是什么内容。

 **읽어요 1**

1 다음 문장을 읽고 그림과 같으면 ○, 다르면 ✕에 표시하세요.

读下面的句子，与图片相同时用 ○ 表示，不同时用 ✕ 表示。

1) 열한 시 이십 분이에요.

2) 지금 여섯 시 일 분이에요.

3) 삼월 삼 일 열 시에 시작해요.

2 다음 시간표를 보고 질문에 답하세요.

看以下时间表，回答问题。

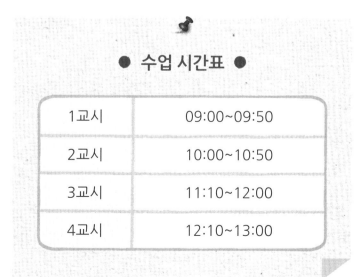

● **수업 시간표** ●

1교시	09:00~09:50
2교시	10:00~10:50
3교시	11:10~12:00
4교시	12:10~13:00

1) 1교시 수업이 몇 시에 시작해요?

2) 4교시 수업이 몇 시에 끝나요?

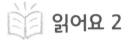 **읽어요 2**

1 다음을 읽고 이 사람이 오전에 하는 것을 모두 고르세요.
读以下内容，选出这个人上午做的所有事情。

> 저는 한국어 선생님이에요. 보통 월요일 부터 금요일 까지 학교에 가요. 아침 여섯 시에 일
> <small>从……   到……</small>
>
> 어나요. 그리고 운동을 하고 아침을 먹어요. 여덟 시에 학교에 가요. 저녁 여섯 시에 집에
>
> 와요. 저녁은 집에서 가족 하고 먹어요. 그리고 같이 티브이를 봐요. 밤 열한 시에 자요.
> <small>家人</small>

①    ②    ③    ④

2 다시 읽고 내용과 같은 것을 고르세요.
重新阅读，选出符合内容的项。

① 이 사람은 학생이에요.

② 이 사람은 친구하고 저녁을 먹어요.

③ 이 사람은 저녁에 티브이를 봐요.

 이제 소리 내어 읽어 봐요

읽어요 3

1 다음을 읽고 내용과 같은 것을 고르세요.

读以下内容，选出符合内容的项。

> 토요일은 늦게 (晚) 일어나요. 보통 아홉 시에 일어나요. 그리고 카페에 가요. 거기에서 아침을 먹어요. 빵하고 커피를 먹어요. 책을 읽어요. 오후 두 시에 집에 와요. 두 시부터 다섯 시까지 집에서 쉬어요. 게임을 하고 티브이를 봐요. 토요일에는 운동을 안 해요. 밤 열두 시쯤 (左右) 자요.

①
오전 9시

②
오후 2시

③
오후 4시

④
밤 12시

2 다시 읽고 내용과 같은 것을 고르세요.

重新阅读，选出符合内容的项。

① 이 사람은 아침에 게임을 해요.

② 이 사람은 카페에서 책을 읽어요.

③ 이 사람은 토요일에 아침을 안 먹어요.

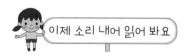
이제 소리 내어 읽어 봐요

하루 일과에 대한 글을 읽고 이해할 수 있어요? ☆ ☆ ☆ ☆ ☆

더 읽어요

● 다음을 읽고 내용과 같으면 ○, 다르면 ✕에 표시하세요.
读以下内容，与内容相同时用 ○ 表示，不同时用 ✕ 表示。

> 저는 지금 한국 서울에 살아요. 서울에서 회사에 다녀요. 보통 아침 일곱 시에 일어나요. 그리고 여덟 시에 회사에 가요. 보통 아침은 안 먹어요. 아홉 시부터 오후 다섯 시까지 일해요. 저녁에 여자 친구를 만나요. 같이 저녁을 먹어요. 그리고 이야기를 해요. 보통 열한 시에 집에 와요.

1) 이 사람은 회사원이에요.   ○   ✕

2) 이 사람은 집에서 저녁을 먹어요.   ○   ✕

한국 생활 韩国生活

 한국 생활에 대한 글을 읽고 이해할 수 있다.

💡 생각해 봐요

● 다음을 보세요. 어디에 갔는지 무엇을 했는지 이야기해 보세요.
看以下内容。说一说去了哪里，以及做了什么。

 **읽어요 1**

1 다음을 읽고 맞는 것에 ◯표 하세요.
读以下内容，正确的项用 ◯ 表示。

1) [오늘 / 내일]은 오월 십육 일이에요.

2) [지난달 / 이번 달]에 서울에 왔어요.

3) [이번 주 / 다음 주]에 영화를 봐요.

4) [지난주 / 지난달]에 한국 친구를 만났어요.

2 다음을 읽고 순서대로 그림의 번호를 쓰세요.
读以下内容，按照顺序给图片标上序号。

1) 저는 보통 아침 일곱 시에 일어나요. 일곱 시 반에 아침을 먹고 샤워를 해요.

_____ ➔ _____ ➔ _____

2) 저는 아침에 늦게 일어나요. 아침을 안 먹고 운동을 해요. 그리고 샤워를 해요.

_____ ➔ _____ ➔ _____

3) 저는 다섯 시에 일이 끝나요. 저녁을 먹고 운동을 하고 집에 가요.

_____ ➜ _____ ➜ _____

4) 저는 집에 일곱 시에 가요. 저녁을 집에서 먹어요. 저녁을 먹고 티브이를 봐요.

_____ ➜ _____ ➜ _____

① ② ③
④ ⑤ ⑥

 ## 읽어요 2

1 다음을 읽고 이 사람이 언제 한국에 왔는지 고르세요.
读以下内容，选出这个人是何时来韩国的。

> 저는 일 년 전에 한국에 왔어요. 지금 한국 회사에 다녀요. 아침부터 저녁까지 회사에서
>
> 일해요. 일이 많고 바빠요. 지난주 토요일에는 집에서 쉬었어요. 고향 친구들이 집에 왔어
> ↳家乡
> 요. 같이 고향 음식을 만들었어요. 정말 좋았어요.

① 지난달   ② 작년   ③ 올해   ④ 내년

2 다시 읽고 내용과 같으면 ◯, 다르면 ✕에 표시하세요.
再读一遍，与内容相同时用 ◯ 表示，不同时用 ✕ 表示。

1) 이 사람은 요리사예요.   ◯   ✕

2) 이 사람은 지난주 토요일에 고향에 갔어요.   ◯   ✕

이제 소리 내어 읽어 봐요

 ## 읽어요 3

1 이 사람은 왜 한국에 왔어요? 다음을 읽고 쓰세요.
这个人为什么来韩国？读一读并写出来。

> 저는 한국 영화를 좋아해요. 그래서 한국에 왔어요. 지금 한국어를 공부해요. 오전에는 학교에 가요. 우리 교실에는 외국인 친구들이 많아요. 모두 재미있고 좋아요. 수업이 끝나
> →外国人
> 고 외국인 친구하고 같이 점심을 먹어요. 점심을 먹고 카페에 가요. 거기에서 한국 영화를 보고 한국 배우 이야기를 해요.

2 다시 읽고 내용과 같은 것을 고르세요.
重新阅读，选出符合内容的项。

① 이 사람은 외국인 친구가 없어요.

② 이 사람은 한국 배우하고 카페에 갔어요.

③ 이 사람은 한국어 공부를 하고 점심을 먹어요.

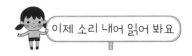
이제 소리 내어 읽어 봐요

한국 생활에 대한 글을 읽고 이해할 수 있어요?   ☆ ☆ ☆ ☆ ☆

➕📖 더 읽어요

● **다음을 읽고 내용과 같으면 ◯, 다르면 ✕에 표시하세요.**
读以下内容，与内容相同时用 ◯ 表示，不同时用 ✕ 表示。

저는 올해 유월에 한국에 왔어요. 그때 한국 친구 집에서 살았어요. 친구 집은 크고 좋아요. 냉장고, 에어컨도 있었어요. 그런데 학교에서 많이 멀었어요. 집에서 학교까지 두 시간쯤 걸렸어요. 너무 힘들었어요. 그래서 지난달에 이사를 했어요. 지금 집은 작아요. 에어컨도 없어요. 그렇지만 학교에서 가까워서 좋아요.

1) 이 사람은 집이 작아서 이사를 했어요.　　◯　　✕

2) 이 사람은 처음에 친구 집에서 살았어요.　　◯　　✕

음식 食物

음식에 대한 글을 읽고 이해할 수 있다.

 생각해 봐요

● 다음 메뉴판을 보세요. 음식의 이름을 이야기해 보세요.
看以下菜单，说一说食物的名称。

 읽어요 1

1 다음을 읽고 그림의 번호를 쓰세요.
读以下内容，写出图片的序号。

1) 저는 비빔밥을 좋아해요. _____   2) 떡볶이가 맛있어요. _____

3) 김치찌개가 많이 매워요. _____   4) 삼계탕이 싱거워요. _____

5) 저는 어제 돈가스를 먹었어요. _____   6) 저는 냉면을 안 좋아해요. _____

2 다음 메뉴판을 보고 내용과 같으면 ♡, 다르면 ✕에 표시하세요.
看以下菜单，与内容相同的用 ♡ 表示，不同的用 ✕ 表示。

1) 이 식당에 삼계탕이 있어요. ♡ ✕

2) 순두부찌개는 안 매워요. ♡ ✕

3) 갈비탕은 팔천 원이에요. ♡ ✕

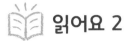 **읽어요 2**

1 다음을 읽고 이 사람이 오늘 점심에 먹은 음식을 쓰세요.
读以下短文，写出这个人今天中午吃的食物。

> 저는 삼 개월 전에 한국에 왔어요. 보통 아침하고 저녁은 집에서 먹어요. 집에서 음식을 만들어요. 점심은 친구하고 같이 식당에서 먹어요. 학교 근처에 식당이 많이 있어요. 한국
> ↳ 附近
> 음식, 중국 음식, 일본 음식, 태국 음식도 있어요. 오늘 점심에는 치킨을 먹었어요. 한국의 치킨은 정말 맛있어요.

2 다시 읽고 내용과 같은 것을 고르세요.
重新阅读，选出符合内容的项。

① 이 사람은 음식을 만들어요.

② 학교 근처에 중국 식당이 없어요.

③ 이 사람은 저녁은 식당에서 먹어요.

이제 소리 내어 읽어 봐요

 **읽어요 3**

1 다음은 나쓰미 씨의 SNS입니다. 누구하고 어디에 갔는지 쓰세요.

以下是夏美的SNS，写出她跟谁去了哪里。

Natsumi

오늘은 두엔하고 명동에 갔어요. 우리는 명동에서 불고기를 먹었어요. 그 식당에 사람이 많았어요.

불고기는 정말 맛있었어요. 불고기가 안 매웠어요. 그래서 두엔 씨가 좋아했어요. 우리는 삼인분을 먹었어요. 다음에 이 식당에 또 갈래요!

★ ★ ★ ★ ☆

... ♥ ✉   ♥ 좋아요 89개

누구 [   ]   어디 [   ]

2 다시 읽고 내용과 같으면 ◯, 다르면 ✕에 표시하세요.

再读一遍，与内容相同时用 ◯ 表示，不同时用 ✕ 表示。

1) 식당에 사람이 많이 있었어요.   ◯   ✕

2) 우리는 불고기 2인분을 먹었어요.   ◯   ✕

 이제 소리 내어 읽어 봐요

음식에 대한 글을 읽고 이해할 수 있어요?   ☆ ☆ ☆ ☆ ☆

➕📖 더 읽어요

● 다음을 읽으세요. 무슨 뜻이에요?
读以下内容，这是什么意思？

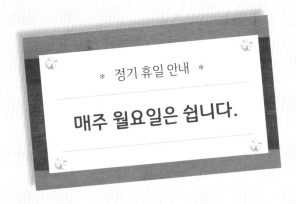

* 정기 휴일 안내 *

매주 월요일은 쉽니다.

전 메뉴 배달 가능

KU Chicken   02-1234-9876

물
WATER

물은 셀프입니다.

TAKE OUT

포장 가능

읽기 9

휴일 假期

 생각해 봐요

● 다음을 보세요. 무엇을 안내하는지 이야기해 보세요.
看以下内容。说一说这是关于什么的介绍。

21일(월)~25일(금)
휴가입니다

 **읽어요 1**

1 다음을 읽고 그림과 같으면 〇, 다르면 ✕에 표시하세요.
读以下内容，与图片相同时用 〇 表示，不同时用 ✕ 表示。

1) 웨이 씨는 내일 빨래할 거예요.

2) 카밀라 씨는 어제 공원에서 사진을 찍었어요.

3) 저는 이번 주말에 놀이공원에 갈 거예요.

4) 저는 요리를 배우고 싶어요.

5) 저는 오후에 박물관에 갈 거예요.

2 다음 문장을 읽고 맞는 표현을 연결하세요.
다 读以下句子，连接正确的表达方式。

1) 저는 10일부터 14일까지 회사에 안 가요. •

• ① 주말

2) 금요일부터 일요일까지 계속 휴일이에요. •

• ② 연휴

3) 12일은 토요일이에요.
그리고 13일은 일요일이에요. •

• ③ 방학

4) 5일에 한국어 수업이 끝나요.
22일에 수업이 다시 시작될 거예요. •

• ④ 휴가

 읽어요 2

1 다음을 읽고 이 사람의 휴일이 며칠인지 고르세요.

读以下内容，这个人的休息日有几天？请选出来。

> 저는 요리사예요. 식당에서 일해요. 오후 한 시에 출근하고 저녁 늦게 퇴근해요. 주말하고 휴일에는 많이 바빠요. 아침부터 일을 시작해요. 내 시간이 없어요. 이번 주 토요일부터 다음 주 월요일까지 휴가예요. 주말에 친구들을 만날 거예요. 월요일에는 집에서 음식을 만들 거예요. 그리고 가족하고 먹을 거예요.

① 2일   ② 3일   ③ 7일   ④ 10일

2 다시 읽고 내용과 같으면 ○, 다르면 ✕에 표시하세요.

再读一遍，与内容相同时用 ○ 表示，不同时用 ✕ 表示。

1) 이 사람은 보통 아침에 일을 해요.   ○   ✕

2) 이 사람은 휴일에 많이 바빠요.   ○   ✕

3) 이 사람은 이번 주말에 집에서 쉴 거예요.   ○   ✕

 이제 소리 내어 읽어 봐요

 읽어요 3

1 다음은 두엔 씨의 휴일 이야기입니다. 읽고 두엔 씨가 한 일을 모두 고르세요.
以下是关于杜安休息日的对话。读一读，找出杜安的照片。

지난주 금요일부터 일요일까지 연휴였어요. 금요일에 학교에 안 갔어요. 아침에 늦게 일어났어요. 오후에는 친구하고 홍대에 갔어요. 홍대에 사람이 정말 많았어요. 우리는 쇼핑을 하고 피자를 먹었어요. 토요일에는 놀이공원에 갔어요. 아침부터 저녁 여덟 시까지 놀이공원에서 놀았어요. 밤 열 시에 집에 왔어요. 피곤했어요. 그렇지만 정말 재미있었어요.

↳ 피곤하다 疲惫，疲劳

Duen
한국에서 공부 중~!
게시물 247개 팔로워 61명 팔로잉 78명

2 다시 읽고 내용과 같으면 ◯, 다르면 ✕에 표시하세요.

再读一遍，与内容相同时用 ◯ 表示，不同时用 ✕ 表示。

1) 지난주 금요일은 휴일이었어요.   ◯   ✕

2) 토요일 저녁 여덟 시에 집에 왔어요.   ◯   ✕

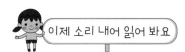

이제 소리 내어 읽어 봐요

휴일에 대한 글을 읽고 이해할 수 있어요?	☆ ☆ ☆ ☆ ☆

 더 읽어요

● 다음을 읽고 내용과 같으면 ◯, 다르면 ✕에 표시하세요.

读以下内容，与内容相同时用 ◯ 表示，不同时用 ✕ 表示。

> 저는 회사원이에요. 삼 년 전부터 회사에 다녔어요. 일은 재미있어요. 그렇지만 너무 바빠요. 휴가에도 못 쉬었어요. 여행도 거의 못 갔어요. 올해 휴가는 팔월에 있어요. 이번에는 꼭 여행을 갈 거예요. 비행기 표도 샀어요. 호텔도 찾고 있어요. 그곳의 맛있는 음식 사진도 매일 봐요. 빨리 팔월이 되면 좋겠어요.

1) 이 사람은 삼 년 전부터 일했어요.   ◯   ✕

2) 이 사람은 올해 휴가를 갔다 왔어요.   ◯   ✕

읽기 10

날씨와 계절 天气和季节

 날씨와 계절에 대한 글을 읽고 이해할 수 있다.

생각해 봐요

● 다음을 보세요. 무엇을 안내하는지 이야기해 보세요.
看以下内容。说一说这是关于什么的介绍。

대한민국, 서울

☀ **25℃** 맑음

12일(화요일)	13일(수요일)	14일(목요일)	15일(금요일)	16일(토요일)	17일(일요일)	18일(월요일)
☀ 26℃	☂ 22℃	🌩 21℃	☀ 24℃	☀ 26℃	☁ 25℃	☁ 23℃

읽어요 1

1 다음을 읽고 그림과 같으면 ○, 다르면 ✕에 표시하세요.
读以下内容，与图片相同时用 ○ 表示，不同时用 ✕ 表示。

1) 정말 추워요.

 ○ ✕

2) 바람이 많이 불어요.

 ○ ✕

3) 서울은 어제 비가 왔어요.  　ㅇ　 　✕　

4) 공원에 단풍이 들었어요. 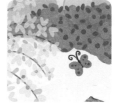 　ㅇ　 　✕　

5) 시원해서 좋아요.  　ㅇ　 　✕　

2 다음을 읽고 맞는 그림을 연결하세요.
读以下内容，连接相符的图片。

1) 저는 수영을 못 해요. 　•　 　•　①

2) 어제 잠을 못 잤어요. 　•　 　•　②

3) 옷이 비싸서 못 샀어요. 　•　 　•　③

4) 비가 와서 운동을 못 해요. 　•　 　•　④

5) 바빠서 밥을 못 먹어요. 　•　 　•　⑤

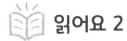 **읽어요 2**

1 지금은 어느 계절이에요? 쓰세요.
现在是什么季节？请写下来。

> 오늘 오전에는 날씨가 아주 맑았어요. 바람도 안 불고 따뜻했어요. 그래서 수업이 끝나고 꽃구경을 가고 싶었어요. 그런데 수업 시간에 비가 왔어요. 바람도 많이 불었어요. 비가 와서 날씨도 조금 추웠어요. 저는 우산이 없었어요. 그래서 꽃구경을 못 갔어요. 집에 일찍 왔어요.

---

2 다시 읽고 내용과 같은 것을 고르세요.
重新阅读，选出符合内容的项。

① 오늘은 아침부터 비가 왔어요.

② 이 사람은 오늘 우산이 없었어요.

③ 이 사람은 비가 와서 학교에 안 갔어요.

이제 소리 내어 읽어 봐요

읽어요 3

1 지금 한국의 날씨는 어때요? 다음을 읽고 고르세요.
现在韩国的天气怎么样? 读以下内容并选出来。

> 저는 올해 칠월에 한국에 왔어요. 그때 한국은 여름이었어요. 날씨가 많이 더웠고 비도 왔어요. 한국어 수업이 있어서 바닷가에도 못 갔어요. 너무 힘들었어요. 지금 한국은 가을 이에요. 날씨가 시원하고 비도 안 와요. 하늘은 맑고 단풍이 들어서 아주 예뻐요. 그래서 이번 주말에 친구들하고 단풍 구경을 갈 거예요.
>
> 하늘 → 天空

①  ②  ③  ④

2 다시 읽고 내용과 같은 것을 고르세요.
重新阅读, 选出符合内容的项。

① 이 사람은 작년 여름에 힘들었어요.

② 이 사람은 올해 여름에 한국에 왔어요.

③ 이 사람은 이번 주말에 바다에 갈 거예요.

이제 소리 내어 읽어 봐요

날씨와 계절에 대한 글을 읽고 이해할 수 있어요?	☆ ☆ ☆ ☆ ☆

● 다음 날씨 안내를 읽고 다른 곳을 찾아보세요.
读以下天气预报，找出不同的地方。

세계의 오늘 날씨예요. 오늘 서울은 맑고 조금 추워요. 도쿄와 베이징은 흐려요. 런던과 밴쿠버는 비가 와요. 모스크바는 눈이 오고 추워요. 자카르타와 상파울루는 흐리고 비가 와요. 그리고 많이 더워요. 시드니는 오늘 비가 안 와요.

➕ 단어 찾기

● 다음에서 음식 이름을 찾으세요.
在下图中找出食物的名称。

김	아	된	세	탁	기	우	박	거	도
법	장	이	정	그	저	께	버	효	몬
딸	기	주	스	찌	잠	햄	지	솔	신
동	가	스	쉬	아	게	팡	초	콜	릿
김	카	떡	폭	이	메	요	리	사	순
치	킨	라	컴	퓨	터	리	산	책	더
찌	좋	불	도	비	밤	밥	카	만	부
개	아	고	삼	겹	살	계	랑	노	찌
하	리	이	개	짜	장	콜	라	원	개
다	갈	비	탕	수	영	장	면	빈	물

정답

1과 인사

● 읽어요 1

1
1) ⑤   2) ⑥   3) ①
4) ②   5) ④   6) ③

2
1) ✗   2) ○   3) ○

● 읽어요 2

1
1) 조민수, 하리마, 토머스 링컨
2) 한국, 이집트, 영국
3) 선생님, 회사원, 학생

● 더 읽어요

제이미 리, 중국, 요리사

2과 일상생활 I

● 읽어요 1

1
1) ③   2) ⑤   3) ①
4) ④   5) ⑦   6) ②
7) ⑥

2
1) 우유를/물을 마셔요.
2) 볼펜을/휴대폰을/빵을/옷을/책을/과자를/우산을/
   공책을/가방을 사요.
3) 텔레비전을/영화를/휴대폰을 봐요.
4) 친구를 만나요.
5) 음악을 들어요.

● 읽어요 2

2
2) 웨이 씨는 음악을 들어요.
3) 무함마드 씨는 쉬어요.

● 읽어요 3

1 이름: 에밀리아 클라크, 나라: 호주, 직업: 배우

2 ②, ⑤, ⑦

● 더 읽어요

1) 오빠   2) 아버지   3) 어머니
4) 언니   5) 나

3과 일상생활 II

● 읽어요 1

1

1)

2)

3)

4)

5)

2

1) 재미있어요/어려워요/쉬워요

2) 커요/있어요/좋아요

3) 멋있어요/많아요/있어요/좋아요/재미있어요/아파요

4) 있어요/많아요/비싸요/멋있어요/커요/좋아요

5) 커요/좋아요/나빠요/있어요/비싸요

● **읽어요 2**

2

1) 교실이 작아요.

3) 학생이 책을 읽어요.

4) 교실에 컴퓨터가 있어요.

● **읽어요 3**

1 ①

2

1) ✕   2) ◯   3) ◯

● **더 읽어요**

1) 나무   2) 꽃

3) 한국 학생   4) 외국 학생

5) 고양이

4과 **장소**

● **읽어요 1**

1

1) ③   2) ⑦   3) ①

4) ⑥   5) ④   6) ⑤

2

1) ✕   2) ◯   3) ✕

4) ✕   5) ◯   6) ✕

● **읽어요 2**

1

1) ✕   2) ✕   3) ✕

4) ◯

2

1) 다니엘 씨는 우체국에 가요.

2) 나쓰미 씨는 백화점에서 옷을 사요.

3) 무함마드 씨는 집에서 텔레비전을 봐요.

● **읽어요 3**

1 하늘공원에 있어요.

2

1) ✕   2) ◯

● **더 읽어요**

싸요. 한국 사람을 많이 봐요. (한국 사람하고 이야기를 해요.)

5과 **물건 사기**

● **읽어요 1**

1

1) ④   2) ③   3) ⑤

4) ⑦   5) ②, ⑧   6) ①, ⑥

2

1)

2)

3)

4)

5)

6)

● 읽어요 2

1

1) ✕   2) ◯   3) ✕

4) ✕

2

1) 두엔 씨는 볼펜 세 개하고 노트를 사요.

3) 무함마드 씨는 치약하고 칫솔하고 샴푸하고
   비누를 사요.

4) 백이십팔만 원이에요.

● 읽어요 3

1 어디에서?: 편의점에서 점심을 먹어요.
   왜?: 많이 싸요.

2 ①

● 더 읽어요

5,000

6과   **하루 일과**

● 읽어요 1

1

1) ✕   2) ✕   3) ◯

2

1) 오전 9시에 시작해요.

2) 오후 1시에 끝나요.

● 읽어요 2

1 ①, ④

2 ③

● 읽어요 3

1 ④

2 ②

● 더 읽어요

1) ◯   2) ✕

7과   **한국 생활**

● 읽어요 1

1

1) 오늘   2) 지난달

3) 다음 주   4) 지난주

2

1) ① → ③ → ②   2) ① → ④ → ②

3) ③ → ④ → ⑤   4) ⑤ → ③ → ⑥

● 읽어요 2

1 ②

2

1) ✕   2) ✕

● 읽어요 3

1 한국 영화를 좋아해요.

2 ③

● 더 읽어요

1) ✕   2) ◯

8과   **음식**

● 읽어요 1

1

1) ②   2) ⑥   3) ③

4) ④   5) ⑦   6) ⑤

2

1) ✕   2) ✕   3) ◯

● 읽어요 2

1 치킨을 먹었어요.

2 ①

● 읽어요 3

1 누구: 두엔, 어디: 명동

2

1) ◯   2) ✕

● 읽어요 1

1

1) ✕   2) ✕   3) ◯
4) ✕   5) ◯

2

1) ④   2) ②   3) ①
4) ③

● 읽어요 2

1 ②

2

1) ✕   2) ◯   3) ✕

● 읽어요 3

1

2

1) ◯   2) ✕

● 더 읽어요

1) ◯   2) ✕

● 읽어요 1

1

1) ◯   2) ◯   3) ✕
4) ✕   5) ✕

2

1) ②   2) ⑤   3) ④
4) ①   5) ③

● 읽어요 2

1 봄이에요.

2 ②

● 읽어요 3

1 ④

2 ②

● 더 읽어요

도쿄와 베이징은 흐려요. 모스크바는 눈이 오고
추워요. 시드니는 오늘 비가 안 와요.

● 단어 찾기

아이스아메리카노, 딸기주스, 김치찌개, 치킨, 삼겹살,
갈비탕, 햄버거, 초콜릿, 콜라, 라면

어휘 찾아보기 (단원별)

읽기 2

- 새 단어

사람

읽기 3

- 새 단어

같이

읽기 6

- 새 단어

부터, 까지, 가족, 늦게, 쯤

읽기 7

- 새 단어

고향, 외국인

읽기 8

- 새 단어

근처

읽기 9

- 새 단어

피곤하다

읽기 10

- 새 단어

하늘

어휘 찾아보기 (가나다순)

고려대 재미있는 한국어 ① 中文版

읽기 Reading

초판 발행	2019년 8월 12일
2판 발행 1쇄	2021년 5월 20일
지은이	고려대학교 한국어센터
펴낸곳	고려대학교출판문화원
	www.kupress.com
	kupress@korea.ac.kr
	02841 서울특별시 성북구 안암로 145
	Tel 02-3290-4230, 4232
	Fax 02-923-6311
유통	한글파크
	www.sisabooks.com / hangeul
	book_korean@sisadream.com
	03017 서울시 종로구 자하문로 300 시사빌딩
	Tel 1588-1582
	Fax 0502-989-9592
일러스트	최주석, 황주리
편집디자인	한글파크
찍은곳	주식회사 레인보우 피앤피
ISBN	979-11-90205-00-9 (세트)
	979-11-90205-79-5 04710

값 12,000원